Table of Contents

MW01028752

El abecedario
Alphabet

Escriba el alfabeto español.
(Notice that there are 2 extra letter
in the Spanish alphabet.)

abeja

Aa
(ah)

_____

bote

Bb
(beh)

_____

casa

Cc
(seh)

_____

dedo

Dd
(deh)

_____

elefante

Ee
(eh)

_____

flor

gato

F f
(ef—feh)

G g
(heh)

H h
(ah—cheh) (Notice H is a silent letter.)

helado

iglesia

jaula

kilo

lápiz

I i
(ee)

J j
(hō—tah)

K k
(kah)

L l
(el—leh)

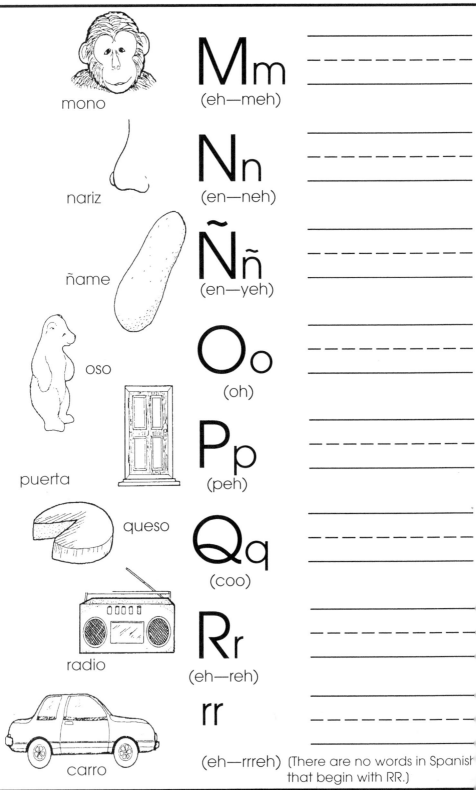

mono

Mm
(eh—meh)

nariz

Nn
(en—neh)

ñame

Ññ
(en—yeh)

oso

Oo
(oh)

puerta

Pp
(peh)

queso

Qq
(coo)

radio

Rr
(eh—reh)

carro

rr
(eh—rrreh) (There are no words in Spanish that begin with RR.)

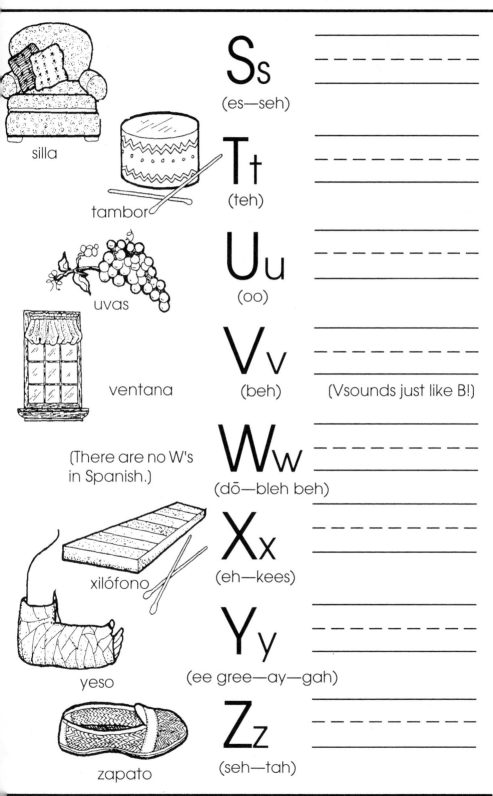

S s
(es—seh)

silla

T t
(teh)

tambor

U u
(oo)

uvas

V v
(beh)

ventana

(Vsounds just like B!)

(There are no W's in Spanish.)

W w
(dō—bleh beh)

X x
(eh—kees)

xilófono

Y y
(ee gree—ay—gah)

yeso

Z z
(seh—tah)

zapato

Los números

Numbers

1 uno

2 dos

3 tres

4 cuatro

5 cinco

6 seis

7 siete

8 ocho

9 nueve

10 diez

Escribe los números correctos en español.
(Write the correct numbers in Spanish.)

Los números
Numbers

11 once ☆

12 doce ☆☆

13 trece

14 catorce

15 quince

16 dieciséis

17 diecisiete

18 dieciocho

19 diecinueve

20 veinte

scribe los números correctos en español.
Write the correct numbers in Spanish.)

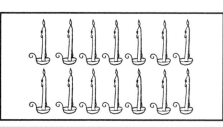

_____

_____

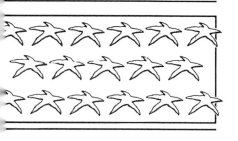

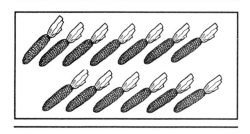

_____

_____

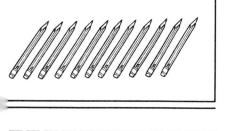

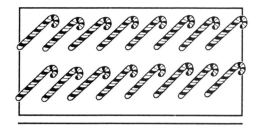

_____

_____

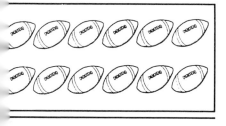

_____

_____

Los colores
Colors

Escribe los colores en español
(Write the colors in Spanish.)

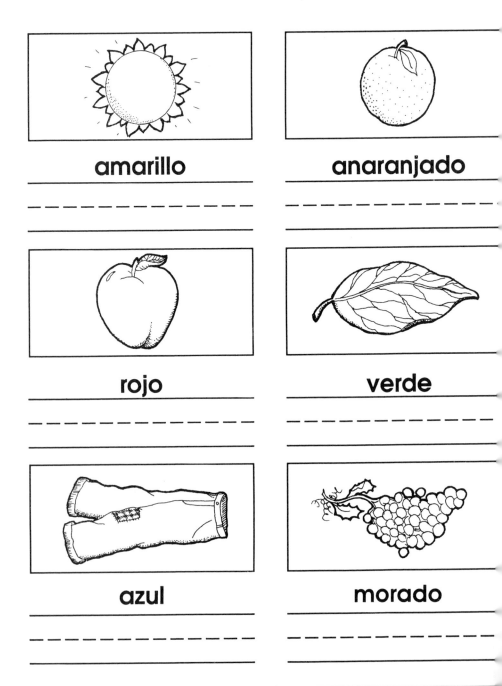

amarillo

anaranjado

rojo

verde

azul

morado

IF0205 Spar

café

rosado

negro

blanco

gris

dorado

Los colores
Colors

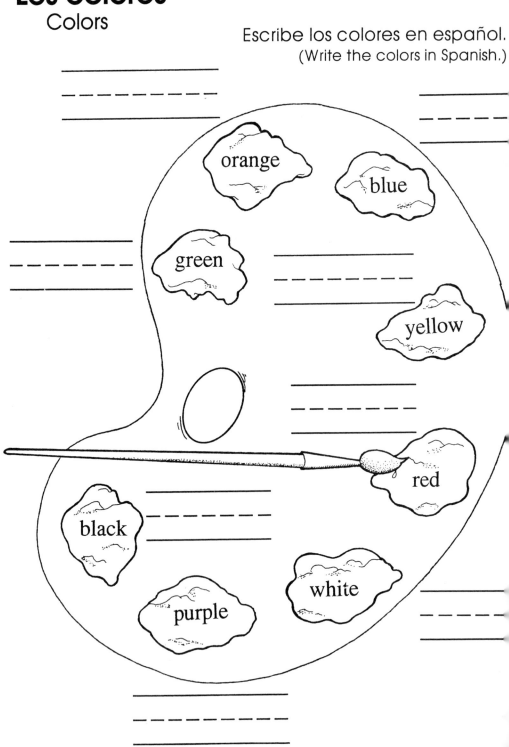

orange

blue

green

yellow

black

red

purple

white

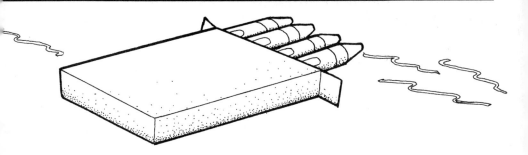

scribe los colores en español.
(Write the colors in Spanish.)

1. My favorite color is _____ .

2. The sky is _____ .

3. The sun is _____ .

4. Snow is _____ .

5. My house is _____ .

6. Dirt is _____ .

7. In the summer leaves are _____ .

8. Grape juice is _____ .

9. An orange is _____ .

0. Roses are _____ and violets are

_____

1. My shirt is _____ .

2. Some jewelry is _____ .

Los días de la semana
The Days of the Week

Escribe en españo
(Write in Spanish

lunes
(Monday)

_____
- - - - - - - - - - -
_____

martes
(Tuesday)

_____
- - - - - - - - - - -
_____

miércoles
(Wednesday)

_____
- - - - - - - - - - -
_____

jueves
(Thursday)

_____
- - - - - - - - - - -
_____

viernes
(Friday)

_____
- - - - - - - - - - -
_____

sábado
(Saturday)

_____
- - - - - - - - - - -
_____

domingo
(Sunday)

_____
- - - - - - - - - - -
_____

scribe el día siguiente. (Write the following day.)

martes

_____

viernes

_____

lunes

_____

jueves

_____

miércoles

_____

domingo

_____

sábado

_____

En la escuela
At School

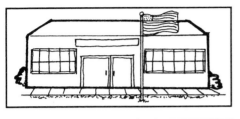

la escuela

_ _ _ _ _ _ _ _ _ _ _

la maestra

_ _ _ _ _ _ _ _ _ _ _

los alumnos

_ _ _ _ _ _ _ _ _ _ _

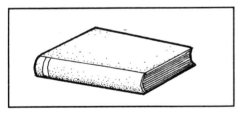

el libro

_ _ _ _ _ _ _ _ _ _ _

el pupitre

_ _ _ _ _ _ _ _ _ _ _

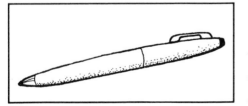

el bolígrafo

_ _ _ _ _ _ _ _ _ _ _

el lápiz

_____

- - - - - - - - - - - -

el papel

_____

- - - - - - - - - - - -

el pizarrón

$2+2=\_$

$\begin{array}{r} 4 \\ +2 \\ \hline \square \end{array}$

_____

- - - - - - - - - - - -

la tiza

_____

- - - - - - - - - - - -

el borrador

_____

- - - - - - - - - - - -

el salón

$1+2=\_$

$\begin{array}{r} 2 \\ +3 \\ \hline \square \end{array}$

_____

- - - - - - - - - - - -

En la escuela

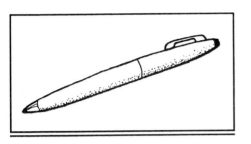

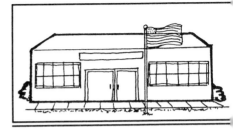

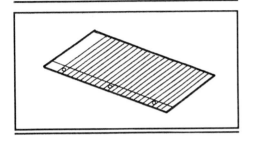

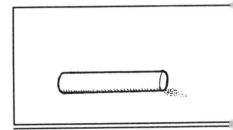

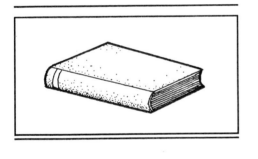

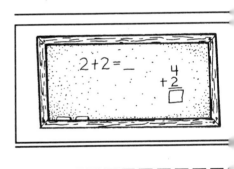

El salón

Aa Bb Cc Dd Ee Ff Gg Hh Ii Jj Kk Ll Mm Nn Ññ Oo Pp
Qq Rr Ss Tt Uu Vv Ww Xx Yy Zz

La casa
The House

Escribe en español

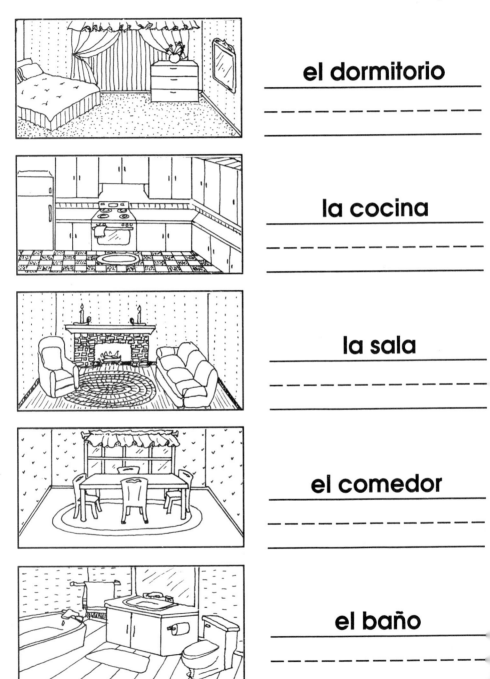

el dormitorio

- - - - - - - - - - -

la cocina

- - - - - - - - - - -

la sala

- - - - - - - - - - -

el comedor

- - - - - - - - - - -

el baño

- - - - - - - - - - -

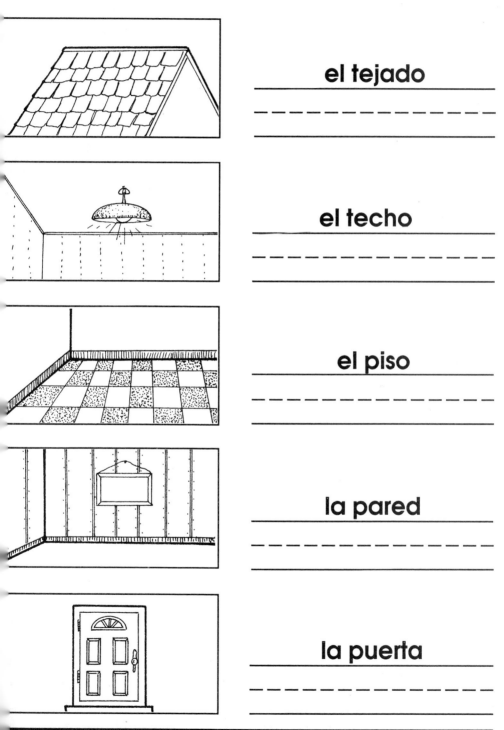

el tejado

- - - - - - - - - - - - - -

el techo

- - - - - - - - - - - - - -

el piso

- - - - - - - - - - - - - -

la pared

- - - - - - - - - - - - - -

la puerta

- - - - - - - - - - - - - -

La casa

la ventana

_ _ _ _ _ _ _ _ _ _ _ _ _ _ _

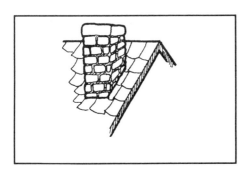

la chimenea

_ _ _ _ _ _ _ _ _ _ _ _ _ _

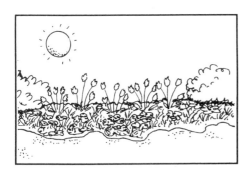

el jardín

_ _ _ _ _ _ _ _ _ _ _ _ _ _

el patio

_ _ _ _ _ _ _ _ _ _ _ _ _ _

Dibuja las partes de la casa y escribe las palabras en español. (Draw the parts of the house and label them in Spanish.)

door	bedroom	kitchen
roof	chimney	bathroom
floor	dining room	window

Cosas de la casa
Household Items

Escribe en español

el sofá

_ _ _ _ _ _ _ _ _ _

el sillón

_ _ _ _ _ _ _ _ _ _

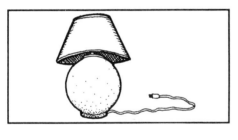

la lámpara

_ _ _ _ _ _ _ _ _ _

la mesa

_ _ _ _ _ _ _ _ _ _

la cama

_ _ _ _ _ _ _ _ _ _

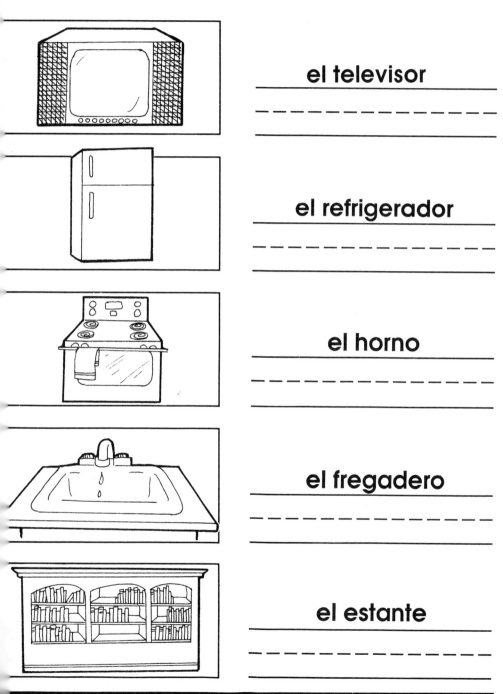

el televisor

el refrigerador

el horno

el fregadero

el estante

Cosas de la casa

Escribe en español.

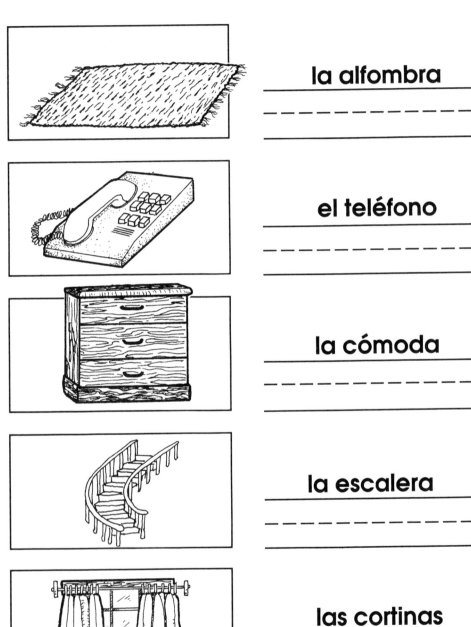

la alfombra

el teléfono

la cómoda

la escalera

las cortinas

Dibuja los objetos en la casa:
(Draw the objects in the house):

la lámpara   la chimenea
el teléfono   el sofá
el televisor   el fregadero
la mesa   el estante
el refrigerador   el sillón
el horno   la cama
la alfombra   la cómoda

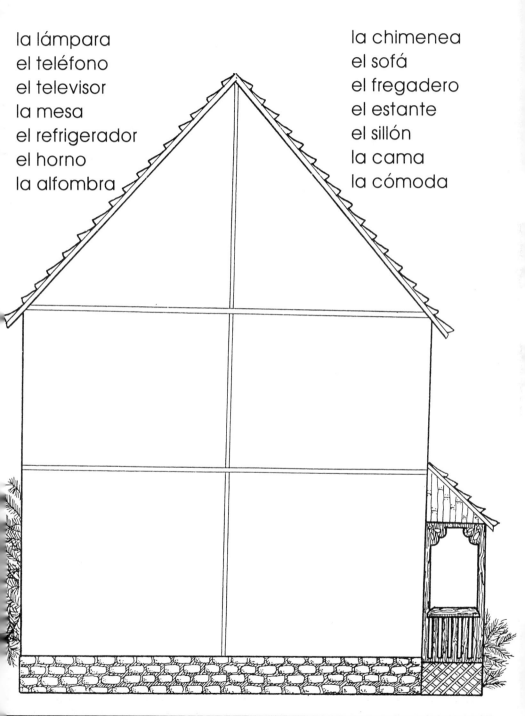

La familia
The Family

father

el padre

_ _ _ _ _ _ _ _ _ _

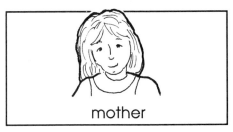
mother

la madre

_ _ _ _ _ _ _ _ _ _

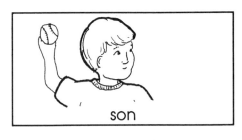
son

el hijo

_ _ _ _ _ _ _ _ _ _

daughter

la hija

_ _ _ _ _ _ _ _ _ _

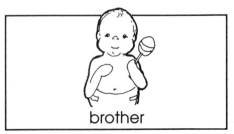
brother

el hermano

_ _ _ _ _ _ _ _ _ _

sister

la hermana

_ _ _ _ _ _ _ _ _ _ _ _ _ _

grandfather

el abuelo

_ _ _ _ _ _ _ _ _ _ _ _ _ _

grandmother

la abuela

_ _ _ _ _ _ _ _ _ _ _ _ _ _

uncle

el tío

_ _ _ _ _ _ _ _ _ _ _ _ _ _

aunt

la tía

_ _ _ _ _ _ _ _ _ _ _ _ _ _

La familia

mother   _____

father   _____

grandmother   _____

grandfather   _____

uncle   _____

son   _____

brother   _____

daughter   _____

aunt   _____

sister   _____

Draw pictures of your family where indicated and label them in Spanish.

La ropa
Clothing

la camisa

los pantalones

el traje

la corbata

los zapatos

LA ROPA

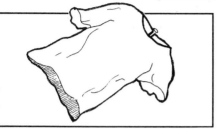

la blusa

_____

- - - - - - - - - -

_____

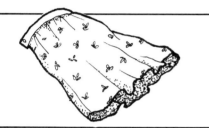

la falda

_____

- - - - - - - - - -

_____

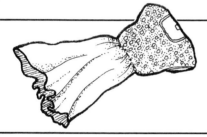

el vestido

_____

- - - - - - - - - -

_____

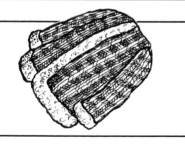

el abrigo

_____

- - - - - - - - - -

_____

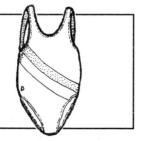

el traje de baño

_____

- - - - - - - - - -

_____

La ropa

Escribe en español.

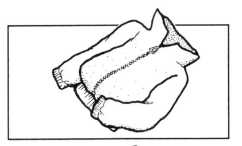

la chaqueta

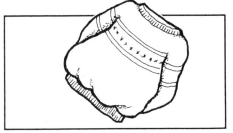

el suéter

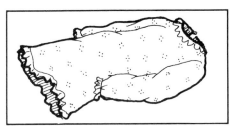

el pijama

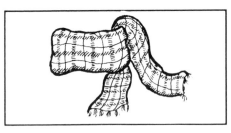

la bufanda

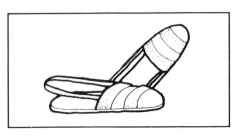

las sandalias

Dibuja y escribe en español la ropa que llevas...
(Draw and write in Spanish the clothing you wear...)

to the beach	to school

to bed	to a wedding

when it's cold	when it's hot

La comida
Food

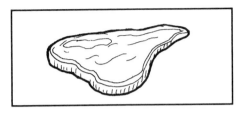

la carne

_____

— — — — — — — —

_____

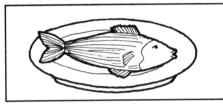

el pescado

_____

— — — — — — — —

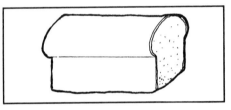

el pan

_____

— — — — — — — —

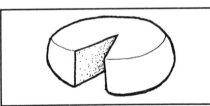

el queso

_____

— — — — — — — —

la ensalada

_____

— — — — — — — —

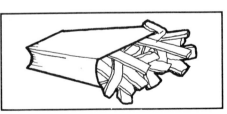

las papas fritas

_____

— — — — — — — —

Answer Key

Spanish

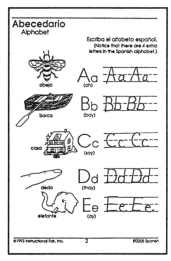

Abecedario
Alphabet

Escriba el alfabeto español.
(Notice that there are 4 extra letters in the Spanish alphabet.)

abeja — Aa (ah) — Aa Aa
barco — Bb (bay) — Bb Bb
casa — Cc (say) — Cc Cc
dedo — Dd (thay) — Dd Dd
elefante — Ee (ay) — Ee Ee

©1993 Instructional Fair, Inc.   2   IF0205 Spanish

flor — Ff (effay) — Ff Ff
gato — Gg (hay) — Gg Gg
helado — Hh (achay) (Notice that H is a silent letter.) — Hh Hh
iglesia — Ii (ee) — Ii Ii
jaula — Jj (hotah) — Jj Jj
lido — Kk (kah) — Kk Kk
lápiz — Ll (ellay) — Ll Ll

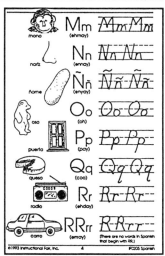

mono — Mm (ehmay) — Mm Mm
nariz — Nn (ennay) — Nn Nn
ñame — Ññ (enyay) — Ññ Ññ
oso — Oo (oh) — Oo Oo
puerta — Pp (pay) — Pp Pp
queso — Qq (coo) — Qq Qq
radio — Rr (ehday) — Rr Rr
carro — RRrr (errray) (There are no words in Spanish that begin with RR.) — RRrr

©1993 Instructional Fair, Inc.   4   IF0205 Spanish

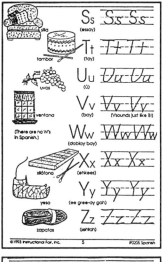

silla — Ss (essay) — Ss Ss
tambor — Tt (tay) — Tt Tt
uvas — Uu (u) — Uu Uu
ventana — Vv (bay) (V sounds just like B!) — Vv Vv
(There are no W's in Spanish.) — Ww (doblay bay) — Ww Ww
xilófono — Xx (ehkees) — Xx Xx
yeso — Yy (ee gree-ay gah) — Yy Yy
zapatos — Zz (sehtah) — Zz Zz

©1993 Instructional Fair, Inc.   5   IF0205 Spanish

os números
Numbers

Escriba en español.
(Write in Spanish.)

uno — ☆☆ 2 dos — 2 dos
tres — 4 cuatro — 4 cuatro
cinco — 6 seis — 6 seis
siete — 8 ocho — 8 ocho
nueve — 10 diez — 10 diez

1993 Instructional Fair, Inc.   6   IF0205 Spanish

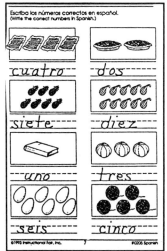

Escriba los números correctos en español.
(Write the correct numbers in Spanish.)

cuatro — dos
siete — diez
uno — tres
seis — cinco

©1993 Instructional Fair, Inc.   7   IF0205 Spanish

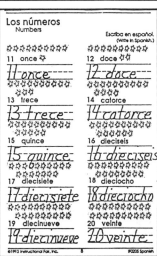

Los números
Numbers

Escriba en español.
(Write in Spanish.)

11 once — 12 doce
13 trece — 14 catorce
15 quince — 16 dieciseis
17 diecisiete — 18 dieciocho
19 diecinueve — 20 veinte

©1993 Instructional Fair, Inc.   8   IF0205 Spanish

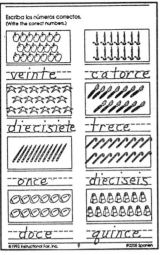

Escriba los números correctos.
(Write the correct numbers.)

veinte — catorce

diecisiete — trece

once — dieciseis

doce — quince

© 1993 Instructional Fair, Inc. 9 IF0205 Spanish

Los colores
Colors

Escriba los colores en español.
(Write the color in Spanish.)

amarillo — anaranjado

amarillo — anaranjado

rojo — verde

rojo — verde

azul — morado

azul — morado

© 1993 Instructional Fair, Inc. 21 IF0205 Spanish

café — rosado

café — rosado

negro — blanco

negro — blanco

gris — dorado

gris — dorado

© 1993 Instructional Fair, Inc. 11 IF0205 Spanish

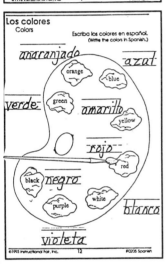

Los colores
Colors

Escriba los colores en español.
(Write the color in Spanish.)

anaranjado — azul

orange — blue

verde — green

amarillo — yellow

rojo — red

negro — black

blanco — white

violeta — purple

© 1993 Instructional Fair, Inc. 12 IF0205 Spanish

Escriba los colores en español.
(Write the colors in Spanish.)

1. My favorite color is _____.
2. The sky is azul.
3. The sun is amarillo.
4. Snow is blanco.
5. My house is _____.
6. Dirt is marrón.
7. In the summer leaves are verde.
8. Grape juice is violeta.
9. An orange is anaranjado.
10. Roses are rojo and violets are azul.
11. My shirt is _____.
12. Some jewelry is dorado.

© 1993 Instructional Fair, Inc. 13 IF0205 Spanish

Los días de la semana
The Days of the Week

Escriba en español.
(Write in Spanish.)

lunes (Monday) — lunes

martes (Tuesday) — martes

miércoles (Wednesday) — miércoles

jueves (Thursday) — jueves

viernes (Friday) — viernes

sábado (Saturday) — sábado

domingo (Sunday) — domingo

© 1993 Instructional Fair, Inc. 14 IF0205 Spanish

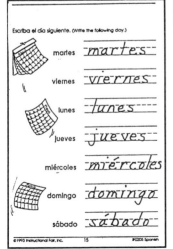

Escriba el día siguiente. (Write the following day.)

martes — martes

viernes — viernes

lunes — lunes

jueves — jueves

miércoles — miércoles

domingo — domingo

sábado — sábado

© 1993 Instructional Fair, Inc. 15 IF0205 Spanish

A la escuela
At School

Escriba en español.

la escuela — la escuela

la maestra — la maestra

los alumnos — los alumnos

el libro — el libro

el pupitre — el pupitre

el bolígrafo — el bolígrafo

© 1993 Instructional Fair, Inc. 16 IF0205 Spanish

el lápiz — el lápiz

el papel — el papel

el pizarrón — el pizarrón

la tiza — la tiza

el borrador — el borrador

el salón — el salón

© 1993 Instructional Fair, Inc. 17 IF0205 Spanish

A la escuela

Escriba en español.

bolígrafo — escuela

papel — tiza

libro — pizarrón

maestro — alumnos

© 1993 Instructional Fair, Inc.   18   IF0205 Spanish

El salón

Aa Bb Cc Dd Ee Ff Gg Hh Ii Jj Kk Ll Mm Nn Oo Pp
Qq Rr Ss Tt Uu Vv Ww Xx Yy Zz

pizarrón   Aa
Bb
Cc

maestra
libro   lápiz

papel
bolígrafo

alumnos

© 1993 Instructional Fair, Inc.   19   IF0205 Spanish

La casa
The House

Escriba en español.

el dormitorio
el dormitorio

la cocina
la cocina

la sala
la sala

el comedor
el comedor

el baño
el baño

© 1993 Instructional Fair, Inc.   20   IF0205 Spanish

el tejado
el tejado

el techo
el techo

el piso
el piso

la pared
la pared

la puerta
la puerta

© 1993 Instructional Fair, Inc.   21   IF0205 Spanish

La casa

Escriba en español.

la ventana
la ventana

la chimenea
la chimenea

el jardín
el jardín

el patio
el patio

© 1993 Instructional Fair, Inc.   22   IF0205 Spanish

Dibuje las partes de la casa y escriba las palabras en español. (Draw the parts of the house and label them in Spanish.)

| door | bedroom | kitchen |
| puerta | dormitorio | cocina |

| roof | chimney | bathroom |
| tejado | chimenea | baño |

| floor | dining room | window |
| piso | comedor | ventana |

© 1993 Instructional Fair, Inc.   23   IF0205 Spanish

Los objetos en la casa
Objects in the House

Escriba en español.

el sofá
el sofá

el sillón
el sillón

la lámpara
la lámpara

la mesa
la mesa

la cama
la cama

© 1993 Instructional Fair, Inc.   24   IF0205 Spanish

el televisor
el televisor

el refrigerador
el refrigerador

el horno
el horno

el fregadero
el fregadero

el estante
el estante

© 1993 Instructional Fair, Inc.   25   IF0205 Spanish

Los objetos en la casa

Escriba en español.

la alfombra
la alfombra

el teléfono
el teléfono

la cómoda
la cómoda

la escalera
la escalera

las cortinas
las cortinas

© 1993 Instructional Fair, Inc.   26   IF0205 Spanish

IF0205 Spanish

Dibuja los objetos en la casa:
(Draw the objects in the house):

la lámpara
el teléfono
el televisor
la mesa
el refrigerador
el horno
la alfombra

la chimenea
el sofá
el fregadero
el estante
el sillón
la cama
la cómoda

27

La familia
The Family

Escriba en español.

father	el padre — *el padre*
mother	la madre — *la madre*
son	el hijo — *el hijo*
daughter	la hija — *la hija*
brother	el hermano — *el hermano*

28

sister	la hermana — *la hermana*
grandfather	el abuelo — *el abuelo*
grandmother	la abuela — *la abuela*
uncle	el tío — *el tío*
aunt	la tía — *la tía*

29

La familia

Escriba en español.

mother	*la madre*
father	*el padre*
grandmother	*la abuela*
grandfather	*el abuelo*
uncle	*el tío*
son	*el hijo*
brother	*el hermano*
daughter	*la hija*
aunt	*la tía*
sister	*la hermana*

30

La ropa
Clothing

Escriba en español.

| la camisa — *la camisa* |
| los pantalones — *los pantalones* |
| el traje — *el traje* |
| la corbata — *la corbata* |
| los zapatos — *los zapatos* |

32

LA ROPA

| la blusa — *la blusa* |
| la falda — *la falda* |
| el vestido — *el vestido* |
| el abrigo — *el abrigo* |
| el traje de baño — *el traje de baño* |

33

La ropa

Escriba en español.

| la chaqueta — *la chaqueta* |
| el suéter — *el suéter* |
| el pijama — *el pijama* |
| la bufanda — *la bufanda* |
| las sandalias — *las sandalias* |

34

La comida
Food

Escriba en español.

| la carne — *la carne* |
| el pescado — *el pescado* |
| el pan — *el pan* |
| el queso — *el queso* |
| la ensalada — *la ensalada* |
| las papas fritas — *las papas fritas* |

36

LA COMIDA

| las frutas — *las frutas* |
| las legumbres — *las legumbres* |
| la torta — *la torta* |
| la leche — *la leche* |
| el café — *el café* |
| el té — *el té* |

37

La comida

Escriba en español.

el pescado | el café | la torta
las frutas | la carne | la leche
la ensalada | el queso | el pan

©1993 Instructional Fair, Inc. 38 IF0205 Spanish

Draw a line from each picture to the correct word.
Write the words in Spanish.

el queso | el pan | la leche
el pan | el queso | la leche

la torta | las frutas | la carne
la torta | la carne | las frutas

el café | las legumbres | el pescado
las legumbres | el pescado | el café

©1993 Instructional Fair, Inc. 39 IF0205 Spanish

Los animales
Animals

Escriba en español.

el perro
el perro

el gato
el gato

el pájaro
el pájaro

el pez
el pez

el conejo
el conejo

©1993 Instructional Fair, Inc. 40 IF0205 Spanish

LOS ANIMALES

la cabra
la cabra

el caballo
el caballo

la oveja
la oveja

la vaca
la vaca

la serpiente
la serpiente

©1993 Instructional Fair, Inc. 41 IF0205 Spanish

Los animals

Escriba en español.

el cerdo
el cerdo

la gallina
la gallina

la tortuga
la tortuga

la rana
la rana

la mosca
la mosca

©1993 Instructional Fair, Inc. 42 IF0205 Spanish

Escriba en español. (Write each animal's name in Spanish.)

1. la vaca
2. el cerdo
3. el perro
4. el caballo
5. el pájaro
6. la mosca
7. la cabra
8. la oveja
9. el conejo
10. la gallina
11. la tortuga
12. el pez
13. la rana
14. el gato
15. la serpiente

©1993 Instructional Fair, Inc. 43 IF0205 Spanish

Los deportes
Sports

Escriba en español.

el fútbol
el fútbol

el béisbol
el béisbol

el fútbol americano
el fútbol americano

el hockey
el hockey

el baloncesto
el baloncesto

©1993 Instructional Fair, Inc. 44 IF0205 Spanish

LOS DEPORTES

el tenis
el tenis

el boliche
el boliche

la lucha libre
la lucha libre

la natación
la natación

el golf
el golf

©1993 Instructional Fair, Inc. 45 IF0205 Spanish

Los deportes

Escriba en español.

esquiar sobre nieve
esquiar sobre nieve

el patinaje
el patinaje

la gimnasia
la gimnasia

montar a caballo
montar a caballo

©1993 Instructional Fair, Inc. 46 IF0205 Spanish

Identifique los deportes en español.
(Identify each sport in Spanish.)

natación | esquiar sobre nieve | baloncesto
béisbol | tenis | fútbol
lucha libre | patinaje sobre hielo | el hockey

©1993 Instructional Fair, Inc.   47   IF0205 Spanish

El tiempo
The Weather

Escriba en español.

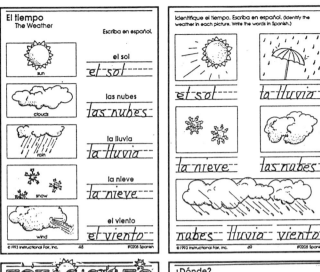

el sol
el sol

las nubes
las nubes

la lluvia
la lluvia

la nieve
la nieve

el viento
el viento

©1993 Instructional Fair, Inc.   48   IF0205 Spanish

Identifique el tiempo. Escriba en español. (Identify the weather in each picture. Write the words in Spanish.)

el sol | _la lluvia_
la nieve | _las nubes_
nubes | lluvia | viento

©1993 Instructional Fair, Inc.   49   IF0205 Spanish

Las estaciones
The Seasons

Escriba en español.

el verano
el verano

la primavera
la primavera

el invierno
el invierno

el otoño
el otoño

©1993 Instructional Fair, Inc.   50   IF0205 Spanish

ESTACIONES

Escriba las estaciones.

la primavera | el invierno
el verano | el otoño

©1993 Instructional Fair, Inc.   51   IF0205 Spanish

¿Dónde?
Where?

Escriba en español.

a la ciudad
a la ciudad

al campo
al campo

al supermercado
al supermer-cado

a la oficina
a la oficina

a la playa
a la playa

©1993 Instructional Fair, Inc.   52   IF0205 Spanish

DÓNDE

al restaurante
al restaurante

al correo
al correo

al banco
al banco

a la piscina
a la piscina

al aeropuerto
al aeropuerto

©1993 Instructional Fair, Inc.   53   IF0205 Spanish

¿Dónde?

Write in Spanish where you would go in each situation.

1. You want to buy food.
supermercado

2. You want to eat.
restaurante

3. You need money.
banco

4. You want to swim.
piscina

5. You want to travel.
aeropuerto

©1993 Instructional Fair, Inc.   54   IF0205 Spanish

Write in Spanish where you would find the following things.

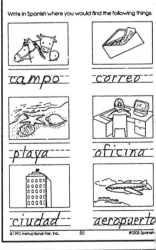

campo | _correo_
playa | _oficina_
ciudad | _aeropuerto_

©1993 Instructional Fair, Inc.   55   IF0205 Spanish

Las profesiones
Professions

Escriba en español.

el policía
el policía

el bombero
el bombero

el plomero
el plomero

el médico
el médico

la enfermera
la enfermera

©1993 Instructional Fair, Inc.   56   IF0205 Spanish

LAS PROFESIONES

el dentista
el dentista

el camionero
el camionero

el piloto
el piloto

el abogado
el abogado

el cartero
el cartero

©1993 Instructional Fair, Inc.   57   IF0205 Spanish

Las profesiones

Escriba en español.

el carpintero
el carpintero

el camionero
el camionero

el mecánico
el mecánico

la secretaria
la secretaria

la artista
la artista

©1993 Instructional Fair, Inc.   58   IF0205 Spanish

Write in Spanish who does the following jobs.

1. repairs cars   *el mecánico*
2. puts out fires   *el bombero*
3. delivers mail   *el cartero*
4. paints   *la artista*
5. directs traffic   *el policía*
6. repairs leaky pipes   *el fontanero*
7. flies airplanes   *el piloto*
8. sings   *la cantante*
9. checks your teeth   *el dentista*
10. drives a truck   *el camionista*

©1993 Instructional Fair, Inc.   59   IF0205 Spanish

A la mesa
At the Table

Escriba en español.

el cuchillo
el cuchillo

el tenedor
el tenedor

la cuchara
la cuchara

el plato
el plato

el vaso
el vaso

©1993 Instructional Fair, Inc.   60   IF0205 Spanish

A LA MESA

la taza
la taza

el platillo
el platillo

la escudilla
la escudilla

la servilleta
la servilleta

el mantel
el mantel

©1993 Instructional Fair, Inc.   61   IF0205 Spanish

A la mesa

Escriba en español.

1. I cut my meat with   *el cuchillo*
2. I drink milk out of   *el vaso*
3. My parents drink coffee out of *la taza* on *el platillo*
4. I wipe my hands on   *la servilleta*
5. I eat ice cream with   *la cuchara* when it's served in *la escudilla*
6. I eat vegetables with   *el tenedor*

©1993 Instructional Fair, Inc.   62   IF0205 Spanish

Write the Spanish word which corresponds to the numbers in the picture.

1. *vaso*
2. *plato*
3. *taza*
4. *platillo*
5. *escudilla*
6. *servilleta*
7. *mantel*
8. *tenedor*
9. *cuchillo*
10. *cuchara*

©1993 Instructional Fair, Inc.   63   IF0205 Spanish

El cuerpo
The Body

Escriba en español.

la cabeza
la cabeza

el pelo
el pelo

los ojos
los ojos

la nariz
la nariz

la boca
la boca

©1993 Instructional Fair, Inc.   64   IF0205 Spanish

IF0205 Spanish

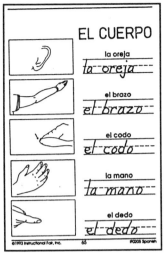

EL CUERPO

la oreja
la oreja

el brazo
el brazo

el codo
el codo

la mano
la mano

el dedo
el dedo

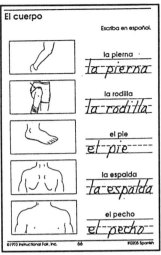

El cuerpo

Escriba en español.

la pierna
la pierna

la rodilla
la rodilla

el pie
el pie

la espalda
la espalda

el pecho
el pecho

Label the parts of the body in Spanish.

pelo — cabeza
nariz — ojo
boca
brazo — pecho
— mano
rodilla — pierna
pie

El transporte
Transportation

Escriba en español.

el carro
el carro

el camión
el camión

el avión
el avión

el bote
el bote

el tren
el tren

EL TRANSPORTE

el autobús
el autobús

la bicicleta
la bicicleta

la motocicleta
la motocicleta

el taxi
el taxi

la canoa
la canoa

El transporte
Conteste en español. (Answer in Spanish.)

1. Children ride to school on me.
   What am I? *autobús*

2. Indians once used me.
   What am I? *canoa*

3. Travel time "flies" on me.
   What am I? *avión*

4. My English name rhymes with "float" which is what I do.
   What am I? *barco*

5. I have a caboose.
   What am I? *tren*

6. Children learn to ride me when they are about five.
   What am I? *bicicleta*

7. People use me to carry very big loads.
   What am I? *camión*

Escriba en español.

autobús *tren* *carro*

canoa *camión* *motocicleta*

bicicleta *barco* *taxi*

LA COMIDA

Escribe en español.

las frutas

---

las legumbres

---

la torta

---

la leche

---

el café

---

el té

La comida

------------ ------------ ------------

------------ ------------ ------------

------------ ------------ ------------

Draw a line from each picture to the correct word.
Write the words in Spanish.

 el queso

 el pan

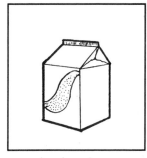 la leche

 la torta

 las frutas

 la carne

 el café

 las legumbres

 el pescado

Los animales
Animals

Escribe en español.

el perro

_ _ _ _ _ _ _ _ _ _ _ _ _ _

el gato

_ _ _ _ _ _ _ _ _ _ _ _ _ _

el pájaro

_ _ _ _ _ _ _ _ _ _ _ _ _ _

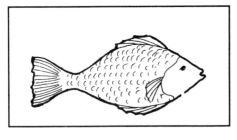

el pez

_ _ _ _ _ _ _ _ _ _ _ _ _ _

el conejo

_ _ _ _ _ _ _ _ _ _ _ _ _ _

LOS ANIMALES

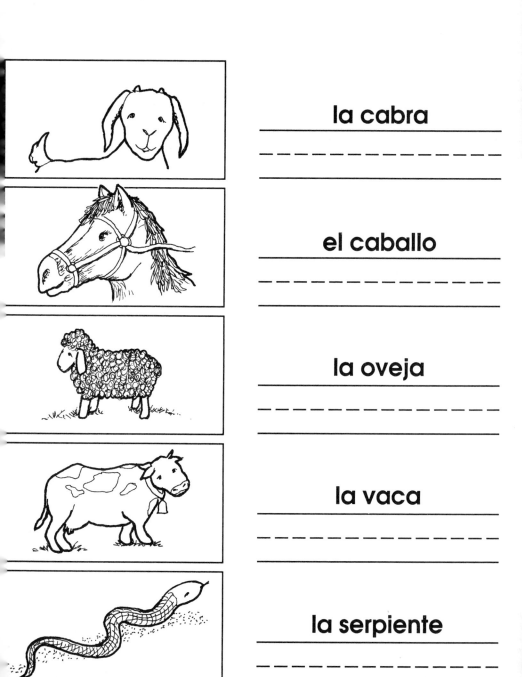

la cabra

_____

- - - - - - - - - - - - - - - -

el caballo

_____

- - - - - - - - - - - - - - - -

la oveja

_____

- - - - - - - - - - - - - - - -

la vaca

_____

- - - - - - - - - - - - - - - -

la serpiente

_____

- - - - - - - - - - - - - - - -

Los animales

el cerdo

- - - - - - - - - - - - - -

la gallina

- - - - - - - - - - - - - -

la tortuga

- - - - - - - - - - - - - -

la rana

- - - - - - - - - - - - - -

la mosca

- - - - - - - - - - - - - -

Escribe en español los nombres de cada animal.

1. _____
2. _____
3. _____
4. _____
5. _____
6. _____
7. _____
8. _____

9. _____
10. _____
11. _____
12. _____
13. _____
14. _____
15. _____

Los deportes
Sports

Escribe en español

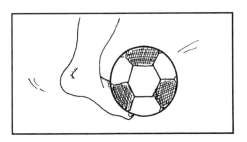

el fútbol

_____

- - - - - - - - - - -

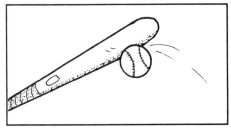

el béisbol

_____

- - - - - - - - - - -

el fútbol americano

- - - - - - - - - - -

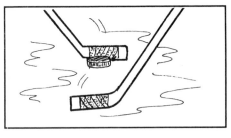

el hockey

_____

- - - - - - - - - - -

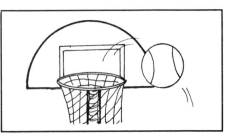

el baloncesto

_____

- - - - - - - - - - -

_____

LOS DEPORTES

el tenis

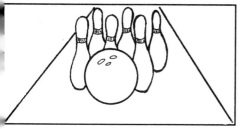

el boliche

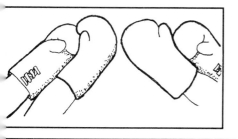

la lucha libre

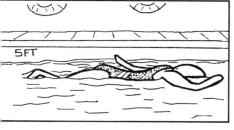

la natación

el golf

Los deportes

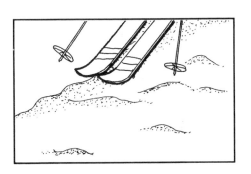

el esqui

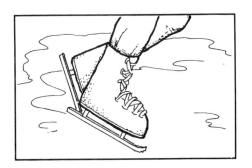

el patinaje

la gimnasia

la equitación

Identifica los deportes en españōl.
(Identify each sport in Spanish.)

_____   _____   _____
- - - - - - - -   - - - - - - - -   - - - - - - - -
_____   _____   _____

_____   _____   _____
- - - - - - - -   - - - - - - - -   - - - - - - - -
_____   _____   _____

_____   _____   _____
- - - - - - - -   - - - - - - - -   - - - - - - - -
_____   _____   _____

El tiempo
The Weather

Escribe en español.

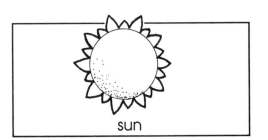

sun

el sol

_ _ _ _ _ _ _ _ _ _

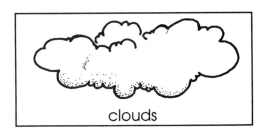

clouds

las nubes

_ _ _ _ _ _ _ _ _ _

rain

la lluvia

_ _ _ _ _ _ _ _ _ _

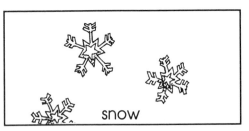

snow

la nieve

_ _ _ _ _ _ _ _ _ _

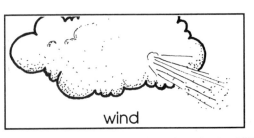

wind

el viento

_ _ _ _ _ _ _ _ _ _

Identifica el tiempo. Escribe las palabras en español.
(Identify the weather in each picture. Write the words in Spanish.)

_____

- - - - - - - - - -

_____

_____

- - - - - - - - - -

_____

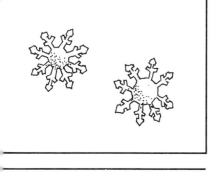

_____

- - - - - - - - - -

_____

_____

- - - - - - - - - -

_____

_____

- - - - - - - -   - - - - - - - -   - - - - - - - -

_____

Las estaciones del año
The Seasons

Escribe en español.

el invierno
_____
- - - - - - - - - - -
_____

la primavera
_____
- - - - - - - - - - -

el verano
_____
- - - - - - - - - - -

el otoño
_____
- - - - - - - - - - -

ESTACIONES

scribe las estaciones.

_ _ _ _ _ _ _ _ _ _

_ _ _ _ _ _ _ _ _ _

_ _ _ _ _ _ _ _ _ _

_ _ _ _ _ _ _ _ _ _

¿Adónde vas?
Where are you going?

Escribe en español

a la ciudad

al campo

al supermercado

a la oficina

a la playa

al restaurante

_____

al correo

_____

al banco

_____

a la piscina

_____

al aeropuerto

_____

¿Adónde vas?

Write in Spanish where you would go in each situation.

1. You want to buy food.

_____

_ _ _ _ _ _ _ _ _ _ _ _

_____

2. You want to eat.

_____

_ _ _ _ _ _ _ _ _ _ _ _

3. You need money.

_____

_ _ _ _ _ _ _ _ _ _ _ _

_____

4. You want to swim.

_____

_ _ _ _ _ _ _ _ _ _ _ _

5. You want to travel.

_____

_ _ _ _ _ _ _ _ _ _ _ _

_____

Write in Spanish where you would find the following things.

- - - - - - - - - - - -

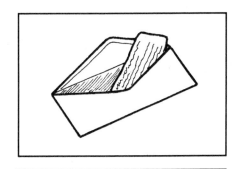

- - - - - - - - - - - -

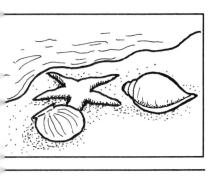

- - - - - - - - - - - -

- - - - - - - - - - - -

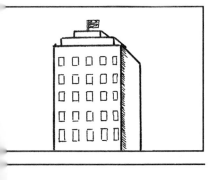

- - - - - - - - - - - -

- - - - - - - - - - - -

Las profesiones
Professions

Escribe en español.

el policía

- - - - - - - - - - - - - -

el bombero

- - - - - - - - - - - - - -

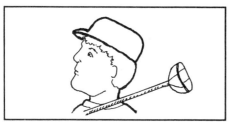

el plomero

- - - - - - - - - - - - - -

el médico

- - - - - - - - - - - - - -

la enfermera

- - - - - - - - - - - - - -

LAS PROFESIONES

el dentista

_____

la cantante

_____

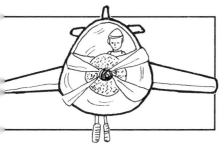

el piloto

_____

el abogado

_____

el cartero

_____

Las profesiones

el carpintero

_ _ _ _ _ _ _ _ _ _

el camionero

_ _ _ _ _ _ _ _ _ _

el mecánico

_ _ _ _ _ _ _ _ _ _

la secretaria

_ _ _ _ _ _ _ _ _ _

la artista

_ _ _ _ _ _ _ _ _ _

Write in Spanish who does the following jobs.

1. repairs cars

2. puts out fires

3. delivers mail

4. paints

5. directs traffic

6. repairs leaky pipes

7. flies airplanes

8. sings

9. checks your teeth

10. drives a truck

En la mesa
At the Table

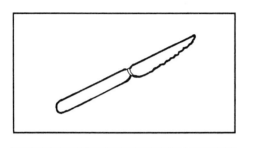

el cuchillo

_ _ _ _ _ _ _ _ _ _ _ _

el tenedor

_ _ _ _ _ _ _ _ _ _ _ _

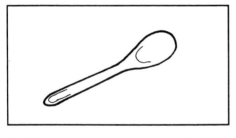

la cuchara

_ _ _ _ _ _ _ _ _ _ _ _

el plato

_ _ _ _ _ _ _ _ _ _ _ _

el vaso

_ _ _ _ _ _ _ _ _ _ _ _

EN LA MESA

la taza

el platillo

la escudilla

la servilleta

el mantel

En la mesa

1. I cut my meat with

2. I drink milk out of

3. My parents drink coffee out

   of

   on

4. I wipe my hands on

5. I eat ice cream with

   when it's served in

6. I eat vegetables with

Write the Spanish word which corresponds to the numbers in the picture.

_____
_ _ _ _ _ _ _ _ _ _ _ _ _
_____   6. _____
_____   _ _ _ _ _ _ _ _ _ _ _ _ _
_____   _____
_ _ _ _ _ _ _ _ _ _ _ _ _
_____   7. _____
_____   _ _ _ _ _ _ _ _ _ _ _ _ _
_____   _____
_ _ _ _ _ _ _ _ _ _ _ _ _
_____   8. _____
_____   _____
_____   _ _ _ _ _ _ _ _ _ _ _ _ _
_ _ _ _ _ _ _ _ _ _ _ _ _
_____   9. _____
_____   _____
_____   _ _ _ _ _ _ _ _ _ _ _ _ _
_ _ _ _ _ _ _ _ _ _ _ _ _
_____   10. _____

El cuerpo
The Body

Escribe en español

la cabeza

_____

- - - - - - - - - -

_____

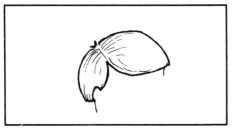

el pelo

_____

- - - - - - - - - -

_____

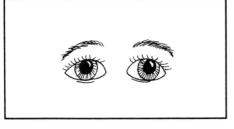

los ojos

_____

- - - - - - - - - -

_____

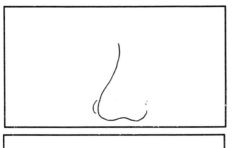

la nariz

_____

- - - - - - - - - -

_____

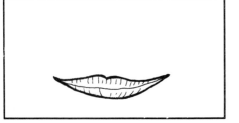

la boca

_____

- - - - - - - - - -

_____

EL CUERPO

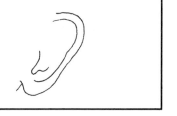

la oreja

_____

- - - - - - - - - - - - - -

_____

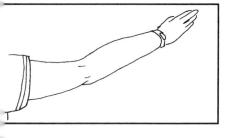

el brazo

_____

- - - - - - - - - - - - - -

_____

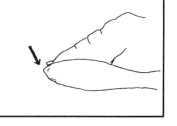

el codo

_____

- - - - - - - - - - - - - -

_____

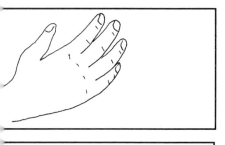

la mano

_____

- - - - - - - - - - - - - -

_____

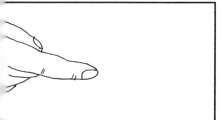

el dedo

_____

- - - - - - - - - - - - - -

_____

El cuerpo

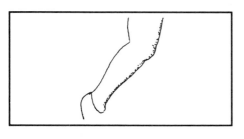

la pierna

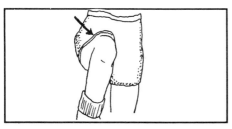

la rodilla

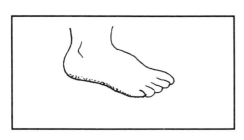

el pie

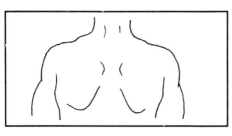

la espalda

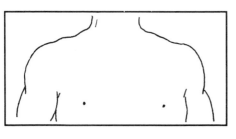

el pecho

---

abel the parts of the body in Spanish.

El transporte
Transportation

Escribe en españo

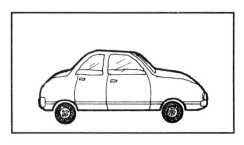

el carro

el camión

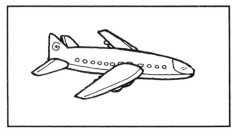

el avión

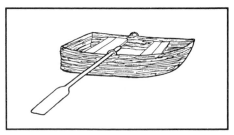

el bote

el tren

EL TRANSPORTE

el autobús

la bicicleta

la motocicleta

el taxi

la canoa

El transporte

Contesta en español. (Answer in Spanish.)

1. Children ride to school on me.

   _____

   _ _ _ _ _ _ _ _ _ _ _ _

   What am I ? _____

2. Indians once used me.

   _____

   _ _ _ _ _ _ _ _ _ _ _ _

   What am I ? _____

3. Travel time "flies" on me.

   _____

   _ _ _ _ _ _ _ _ _ _ _ _

   What am I ? _____

4. My English name rhymes with "float" which is what I d

   _____

   _ _ _ _ _ _ _ _ _ _ _ _

   What am I ? _____

5. I have a caboose.

   _____

   _ _ _ _ _ _ _ _ _ _ _ _

   What am I ? _____

6. Children learn to ride me when they are about five.

   _____

   _ _ _ _ _ _ _ _ _ _ _ _

   What am I ? _____

7. People use me to carry very big loads.

   _____

   What am I ? _ _ _ _ _ _ _ _ _ _ _ _

   _____

scribe en español.

_ _ _ _ _ _ _

_ _ _ _ _ _ _

_ _ _ _ _ _ _

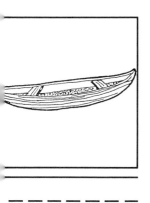

_ _ _ _ _ _ _

_ _ _ _ _ _ _

_ _ _ _ _ _ _

_ _ _ _ _ _ _

_ _ _ _ _ _ _

_ _ _ _ _ _ _

La plaza

Many cities and towns in Spanish-speaking countries are built around a plaza, or central square. There is usually a church, city hall, cafés, and stores surrounding the plaza. People come here to take walks and meet their friends. Sometimes there are groups who play music in the evenings.